# Relatos de la Biblia para niños

# Relatos de la Biblia para niños

Editorial Época, S.A. de C.V.
Emperadores 185
Col. Portales
C.P. 03300, México, D.F.

*Relatos de la Biblia para niños*

© Derechos reservados 2003
© Editorial Época, S.A. de C.V.
Emperadores No. 185
C.P. 03300-México, D.F.
email: edesa@data.net.mx
Tels: 56049046
56049072

ISBN: 970-627-3086.

Impreso en México - *Printed in Mexico*

# ❧ Introducción ❧

La Biblia, desde hace muchos años ha consistido no sólo una base de la religión y la moral; sino que también en ella, se han plasmado miles de años de historia. A través de sus páginas el hombre tiene acceso a una de las hipótesis del origen de la vida más increíble, que a pesar del tiempo y la tecnología no ha podido ser sustituida o borrada.

También en la Biblia podemos encontrar los relatos y las historias más fascinantes nunca antes contadas, aquellas historias que ni el producto de la imaginación han podido crear. Es por ello, que reunimos todas esas historias que a través de los años nos han ido enseñando no sólo el aprendizaje; sino que también, han dejado una huella en la historia universal.

# ❧ Creación del mundo ❧

Dios creó al principio los cielos y la Tierra. La Tierra estaba turbulenta, vacía de vida y envuelta en oscuridad; quiso Dios que hubiera luz, la separó de la oscuridad y la llamó día; a la oscuridad noche.

Después quiso que hubiera firmamento para separar las aguas de abajo, de las nubes; y así ocurrió, al firmamento lo llamó cielo.

Luego quiso que se juntaran las aguas de debajo del cielo, y que apareciera lo seco. Así sucedió, y a lo seco lo llamó Tierra. A las aguas reunidas, mares. Y añadió:

—que de la Tierra nazca hierba verde con semillas y árboles con frutos —y así fue.

Más adelante quiso que en el firmamento hubiera Sol, Luna y estrellas, para separar el día de la noche, y que éstos a su vez sirvieran para medir los días, las estaciones y los años. Y aparecieron.

A continuación, Dios creó los peces, las aves y los animales de todas las especies.

Por último, Dios dijo —hagamos al hombre a nuestra imagen y semejanza, para que domine sobre todo lo creado— y creó al hombre y a la mujer.

# ❧ Adán y Eva ❧

Dios creó el cielo y la Tierra, creó también a Adán; quien recibió en la cara el soplo de Dios. Con este soplo estrenó el alma, y empezó la vida con inteligencia para conocer y, con voluntad, para escoger libremente; Dios lo puso en un paraje encantador llamado Edén, un jardín con ríos y árboles, que debía trabajar.

En el centro de este vergel había dos árboles; el de la vida y el de la ciencia del bien y del mal. Comiendo del primero su fruto le daría la inmortalidad. Pero el segundo en cambio, le produciría la muerte; Dios prohibiéndoselo le advirtió:

—el día que comas de él, morirás sin remedio.

Adán era entonces el primero y único hombre sobre la Tierra y gozaba de la compañía y amistad de Dios. Su cuerpo le obedecía sin fatiga, hiciera lo que hiciera nunca se cansaba; él disfrutaba mirando a los animales y les puso nombre a todos ellos.

Era muy feliz y tenía a su disposición todo cuanto pudiera desear, pero se dio cuenta de que no tenía ninguno semejante a él y entonces se sintió muy solo. Fue en ese momento cuando Dios puso remedio a su soledad; durmiéndolo profundamente le extrajo una costilla y con ella formó a la mujer; Adán al despertar se alegró al mirar a aquella mujer y dijo:

—esto sí que es hueso de mis huesos y carne de mi carne.

Adán y la mujer andaban desnudos sin sentir vergüenza; eran privilegiados, pues Dios los visitaba y paseaba con ellos por el paraíso; no tenían otra tarea más que ser felices hasta que Dios se los llevara al cielo, sin pasar por la tristeza de la muerte.

El árbol de ciencia del bien y del mal estaba allí en medio del jardín, para probar su obediencia al señor, pero el diablo comenzó a sentir envidia del hombre, convirtiéndose en serpiente se le apareció a la mujer, aprovechando que estaba sola le dijo:

—¿es verdad que Dios, no les permite comer de los frutos de todos los árboles?

A lo que Eva respondió —podemos comer de todos los frutos, menos del que está en medio del jardín, nos ha dicho que si comemos de él moriremos.

—No, no —dijo la serpiente— no morirán, si comen de él serán como Dios y serán conocedores del bien y del mal.

La mujer, engañada por la serpiente tomó un fruto de aquel árbol; se dio cuenta que era muy rico y decidió llevarle a Adán, quien finalmente accedió a probarlo, después de un silencio escucharon los pasos del Señor quien se aproximaba por el Edén, pero se escondieron, no soportaban su presencia, sentían vergüenza de su desnudez y pecado. Dios les preguntó el motivo de la desobediencia, a lo que ambos se culpaban sin aceptar su propia falta, Adán culpó a Eva y ella a su vez a la serpiente; fue entonces cuando Dios los castigó y maldijo a la serpiente.

Les dio unas túnicas de piel y los arrojó del jardín del Edén, en la puerta puso a dos ángeles querubines con grandes espadas, para que no volvieran a él y comieran más del árbol de la vida. Adán puso a su mujer el nombre de Eva, que significa madre de los hombres; ellos dos eran toda la humanidad y todos los seres pecaron en ellos.

Por eso, todos nacemos sin la gracia del Señor, sujetos al dolor, a la fatiga y a la muerte. Aquel pecado sembró la malicia en el corazón de los hombres.

# ❦ Caín y Abel ❦

Adán y Eva se arrepintieron de su pecado, y no se olvidaron de Dios.

Pero la semilla del mal ya estaba sembrada en el corazón del hombre. Tuvieron hijos e hijas. Dos de ellos, los mayores, fueron Caín y Abel. El primero era agricultor y el segundo pastor de ovejas.

Ambos ofrecían sacrificios a Dios. Abel era generoso y sacrificaba lo mejor de su ganado; esto agradaba a Dios y lo bendecía. Caín, dominado por el egoísmo siempre ofrecía lo peor de sus cosechas, y Dios rechazaba su ofrenda.

En el corazón de Caín, fue naciendo la envidia hacia Abel.

En su interior oía la voz de Dios que le decía:

—¿por qué andas triste?, obra bien y estarás alegre, pero si no, el pecado estará a tu puerta como una fiera al acecho.

Caín no quiso dominar sus malas inclinaciones. Y un día, estando solos en el campo, se arrojó sobre Abel y lo mató.

Este primer asesinato, llegó como un grito hasta el cielo. Inmediatamente preguntó Dios a Caín:

—¿Caín, en dónde está tu hermano Abel?

A lo que respondió —no lo sé. ¿Soy acaso yo guardián de mi hermano?

Y Caín se apartó de Dios. Huyó de aquellas tierras y anduvo errante. Agobiado por su crimen, temía morir a manos de cualquiera; pero Dios le puso una señal para que nadie lo matara. Por fin, se quedó a vivir con su mujer en la región de Not.

Adán y Eva aún tuvieron un nuevo hijo, de buen corazón como Abel a quien pusieron el nombre de Set.

# ❧ El Diluvio ❧

Después de muchos años de que Adán y Eva pecaran, los hombres se habían multiplicado sobre la Tierra, Dios vio que era grande la maldad de los hombres y se arrepintió de haberlos creado. Entre todos los habitantes sólo había un hombre bueno llamado Noé, a quien Dios le dijo:

—la Tierra está llena de malicia por culpa de los hombres; por ello, voy a exterminarlos.

No sin antes explicarle la manera de construir un arca de madera recubierta de brea; como un gran barco de dos pisos. Fueron muchos días de trabajo a los que Noé y su familia se sometieron, mientras que la gente se reía de la enorme construcción que al parecer en el desierto era en vano.

Cuando estuvo terminada el arca, Dios dijo a Noé que metiera en ella toda clase de animales, en parejas; y tuviera dentro el alimento suficiente para dar de comer tanto a su familia como a los animales, una vez que hiciera eso, debían entrar en ella, no solo él sino sus tres hijos: Sem, Cam, Jafet y sus mujeres.

Durante cuarenta días con sus cuarenta noches no cesaron de caer cascadas de agua y todo ser vi-

viente de aquella región pereció ahogado. Al cabo de 150 días las aguas del diluvio comenzaron a bajar de nivel, y el arca encalló sobre la cresta del monte Ararat.

Tres meses más tarde aparecieron las cumbres de los cerros, y seguían bajando las aguas; fue entonces cuando Noé abrió la única ventana que había echo en el arca y soltó a un cuervo que estuvo yendo y viniendo, hasta que un buen día desapareció. Luego de esto soltó a una paloma que después de un largo vuelo volvió a la barca, Noé pensó que había regresado porque el agua le impedía posarse en el suelo.

Pasaron varios días más y la volvió a soltar, al atardecer regresó con un ramo verde de olivo en el pico, fue entonces cuando Noé entendió que ya podía salir del arca, retiró la cubierta de ésta, miró y vio que ya estaba seca la superficie del suelo. Sabía que era el momento de dejar en libertad a todos los animales que habían sobrevivido con ellos, una vez libres los animales pudieron hacer crías multiplicando el número de su especie.

Noé hizo un altar para ofrecerle alabanza al Señor, quien miró con bondad a aquellas criaturas que se habían salvado, y dijo en su corazón:

—nunca más volveré a maldecir la Tierra por culpa del hombre, ya que desde su niñez, lleva en su corazón los signos de la maldad.

Luego dijo a Noé y a sus hijos:

—multiplicaos y llenad la tierra, dominadla y todo lo que vive, os sirva de alimento. Todo es vuestro; yo os lo doy.

Y añadió —hago un pacto con vosotros, ya no habrá otro diluvio. El arco de las nubes es la señal de mi alianza.

En ese momento apareció el arcoiris, Noé y su familia sintieron la bendición de Dios sobre ellos. Sem, Cam y Yafet, tuvieron muchos hijos y comenzaron a poblar la tierra.

# ❧ La Torre de Babel ❧

Los descendientes de Sern, hijo de Noé, emigraron hacia Oriente y se instalaron en el país de Senaar. Descubrieron un hermoso valle, donde decidieron construir en él una ciudad; y en la ciudad, una torre cuya cúspide tocara el cielo.

—Con ella nos haremos famosos —dijeron unos a otros.

Fabricaron ladrillos, y probaron a cocerlos al fuego. De esta manera consiguieron tener un material como las duras piedras, y empezaron a edificar utilizando la brea como cemento; a medida que avanzaba la obra, surgían planes distintos sobre el modo de hacerla, eran tan frecuentes las discusiones para entonces, entre los jefes y los obreros.

Dios vio que era orgullo y vanidad lo que realmente impulsaba a aquella gente a realizar dicha obra, por lo que decidió humillarlos en su ridícula pretensión.

Todos hablaban la misma lengua, y Dios dijo:

—voy a confundir su lenguaje, para que no se entiendan unos con otros.

Y así sucedió, todo era confuso, malos entendidos y desorganización. No encontraban la manera de ponerse de acuerdo, por lo que decidieron dispersarse, dejando la torre sin acabar.

Años más tarde se conoció como la torre de Babel, llamada así porque significa que en ella mezcló las lenguas.

# La descendencia de Abraham

Pasaron los años, y de nuevo la maldad se había apoderado de la humanidad. El verdadero Dios estaba casi olvidado, lo habían sustituido los ídolos; sin embargo, en la ciudad de Ur de Caldea, había un hombre piadoso llamado Abram, casado con Sarahí. A quien Dios le dijo:

—deja tu país y la casa de tu padre, vete a la tierra que yo te indicaré.

Por lo que Abram, un día salió de Jaram con Sarahí y su sobrino Lot, se llevó también a sus criados, los ganados y camellos. Cuando llegó a Canan, Dios le dijo:

—a tu descendencia le daré esta Tierra. Serás padre de un gran pueblo y por ti serán benditas todas las naciones, ya no te llamarás Abram, sino Abraham, porque serás padre de muchos pueblos y a Sarahí la llamarán Sara, porque de ella nacerán reyes de pueblos. Yo seré vuestro Dios y vosotros mi pueblo, el pueblo de Dios.

Pasaron los años; Abraham y Sara no habían tenido hijos, siendo viejos perdieron todas las esperanzas en tenerlos. No obstante, Dios les había anunciado que tendrían mucha descendencia.

Cierto día, a la sombra de su tienda, Dios le dijo que en el plazo de un año Sara le daría un hijo, al que llamarían Isaac; pasó un año y efectivamente nació Isaac, colmándolos de felicidad. Sin embargo, cuando el niño ya estaba crecido Dios le ordenó a Abraham:

—toma a tu hijo Isaac que tanto amas; vete con él, y ofrécelo en sacrificio en el cerro que yo te diga.

Aquellas palabras desconcertaron al anciano, quien finalmente obedeció el mandato divino. Tomó a su hijo y lo llevó hasta el lugar señalado, donde Abraham construyó un altar, y dispuso leña sobre él; ató a su hijo, lo colocó encima. Empuñó el cuchillo y con el brazo en alto, iba ya a sacrificarlo.

En ese instante, un ángel de Dios le detuvo, diciendo:

—¡no lo mates!, que ya veo que eres temeroso de Dios.

Abraham miró con felicidad al ángel y volvió con su amado hijo hasta el pueblo. Años más tarde cuando ya estaba muy anciano, llamó un día al más viejo de sus servidores para darle un encargo muy importante. No quería que su hijo Isaac se casara con una mujer de Canán, para ese entonces Sara ya había muerto.

El viejo criado tomó diez camellos cargados con ricos presentes y emprendió un largo viaje hacia Caldea; después de muchas jornadas, un atardecer, llegó a las puertas de la ciudad de Jarán. Junto a la fuente detuvo a los camellos, y se dispuso a esperar a que las muchachas de la ciudad vinieran a llevarse agua.

Llegó una hermosa doncella, llenó su cántaro y cuando ya se iba, el viejo criado le pidió que le diera de beber de la vasija que acababa de llenar. La joven no sólo le dio agua a él, sino que empezó a llenar el abrevadero para que los camellos también bebieran. Aquella muchacha era la elegida, lo que acababa de hacer era la señal que había pedido el anciano criado para que Dios la diera a conocer.

—Dime cómo te llamas y de quién eres hija —pidió él.

—Soy Rebeca, hija de Batuel, el hijo de Najor —contestó ella.

Al viejo le dio un vuelco el corazón, ya que Najor era hermano de su señor, Abraham, y, por lo tanto, Rebeca era sobrina de Isaac. El criado le ofreció un pendiente y dos brazaletes de oro, a lo que la bella joven corrió a su casa a contar lo sucedido.

Su hermano Labán fue en busca del anciano y lo invitó a que se hospedara en su casa. contó que venía a buscar, de parte de su señor Abraham, una esposa para su hijo Isaac, entre los parientes de la casa de su padre.

Rebeca y su familia aceptaron el ofrecimiento. Al día siguiente emprendió el regreso con la muchacha y su criada.

Cuando Isaac vio a Rebeca, la aceptó inmediatamente como esposa. Pasaron los años; Esaú nació primero que Jacob, el primero era muy peludo y Jacob lampiño. El mayor era el preferido de su padre porque le gustaba el monte y la caza; en cambio, Jacob era hogareño, y su madre lo quería más.

Un día Jacob estaba guisando unas sabrosas lentejas, mientras que Esaú venía de cazar, hambriento le dijo:

—te cambio mis derechos de primogénito por un plato de esas lentejas.

—¡Júramelo ahora mismo! —dijo Jacob.

Esaú lo juró; se comió las lentejas, y cambió los derechos de primogenitura. Isaac era ya muy viejo y se había quedado ciego. Había llegado el momento de transmitir a su hijo mayor todos los derechos.

Llamó a Esaú, le dijo que saliera a cazar al monte, y con la caza le preparara un guiso; después de comer le daría la bendición. Rebeca que había oído todo pidió a Jacob que le trajera del rebaño dos cabritos, y los guisó rápidamente; vistió a Jacob con las mejores ropas de Esaú y le cubrió los brazos con la piel de los cabritos. Luego le mandó le sirviera la comida a su padre para que le diera la bendición, antes de que regresará Esaú.

—Come, padre, el guiso que acabo de prepararte —le dijo Jacob.

Isaac reconoció la voz de Jacob —acércate para que te toque y me asegure de que eres Esaú.

Los brazos peludos por las pieles de los cabritos y el perfume de los vestidos de Esaú engañaron a Isaac, comió y después le dio su bendición.

Al poco rato entró Esaú con su plato de caza. Aunque Isaac se lamentó de haber sido engañado, fue Jacob el que quedó constituido en heredero por la bendición paternal. Por todo lo ocurrido Esaú amenazó con matar a su hermano y, para evitarlo, Rebeca le dijo a Jacob que huyera hasta que se calmara. Isaac le aconsejó que aprovechara para buscarse es-

posa en el país de su madre en casa de su tío Labán.

Y Jacob huyó, encaminándose hacia Jarán, al
anochecer de la primera jornada se tumbó en el suelo
y recostó la cabeza sobre una piedra para dormir.
Soñó con una escalera que de la tierra subía hasta el
cielo; por ella circulaban ángeles, y Dios, que estaba
allí arriba, le dijo:

—la tierra en que estás acostado te la doy para
ti y tu descendencia. Yo estoy contigo, te cuidaré a
donde vayas y te devolveré a este mismo lugar.

Jacob se despertó asustado como si hubiera tenido una pesadilla. Ungió con aceite la piedra en
que se había apoyado, siguió caminando muchas
jornadas y se encontró con unos rebaños de ovejas
junto a un pozo. Preguntó a los pastores de dónde
eran, ellos le respondieron que de Jarán; fue entonces cuando preguntó si conocían a Labán. Efectivamente lo conocían, y señalando a una muchacha que
venía con su ganado hacia el pozo le dijeron que era
Raquel, una de sus hijas.

Se dio a conocer a Raquel, y lloró de alegría al encontrarse con parientes tan lejanos de su casa. Pasó
muchos años trabajando en casa de su tío Labán, y se
casó con Raquel. Años después con muchas riquezas
regresó a Canán donde su hermano Esaú lo recibió
con los brazos abiertos, cuando llegó pudo abrazar a
su anciano padre, Isaac, quien murió poco después.

# ⚘ José el soñador ⚘

José era uno de los doce hijos de Jacob, él era el preferido de su padre, por lo que sus hermanos le tenían envidia y celos. Un día les contó un sueño que había tenido:

"estaban en el campo atando haces de trigo y el suyo se mantenía derecho mientras los haces de sus hermanos se inclinaban rodeándolo para adorarlo".

En otros sueños, les contó que el Sol, la Luna y las estrellas también lo adoraban. Jacob le reprendió por contar estos sueños y, como temía, la envidia de sus hermanos se convirtió en odio.

En cierta ocasión los hermanos de José pastoreaban los rebaños lejos de casa y hacía mucho tiempo que Jacob no tenía noticias de ellos, por lo que mandó a José para que viera cómo se encontraban. Lo vieron llegar de lejos, distinguiéndolo por una bonita túnica de colores que había sido de su padre y que éste le había regalado.

—Ahí viene el soñador, vamos a matarlo y veremos en que quedan sus fantasías —tramaron.

El hermano mayor, Rubén, con intensión de salvar su vida les propuso arrojarlo a un pozo seco. Ellos aceptaron, cuando llegó José, lo despojaron de su túnica y lo echaron al pozo.

Rubén se alejó para vigilar el rebaño y al cabo de unas horas se acercó al pozo con la intensión de sacar a José y mandarlo de vuelta sano y salvo a su casa. pero no estaba allí, furioso y apenado fue a donde estaban sus hermanos.

—¿Qué habéis hecho con José? —les preguntó.

Le contaron que mientras estaban comiendo vieron una caravana y Judá propuso venderlo como esclavo en vez de dejarlo morir, y así lo hicieron, entregándolo por 20 monedas de plata a aquellos mercaderes que se dirigían a Egipto.

A su padre, Jacob, le mandaron la túnica manchada con la sangre de un cabrito, haciéndole creer que una fiera lo había devorado. Lo lloró como muerto y hasta muchos años después no conocería la verdad. Los mercaderes vendieron a José al llegar a Egipto y el comprador fue el jefe de la escolta del Faraón. Gracias a su laboriosidad, rectitud y honestidad, su amo lo nombró mayordomo de su casa y administrador de todos sus bienes; desgraciadamente fue víctima de una calumnia y encerrado en la cárcel, dos compañeros de celda, que habían sido servidores del Faraón, le contaron a José unos sueños que habían tenido y José los interpretó anunciándoles la pronta salida de la cárcel.

A los pocos días ambos fueron liberados, uno de ellos era el copero del Faraón; pasó el tiempo y un día avisaron a José que el Faraón requería su presencia porque había tenido un sueño y no pudieron explicarlo ninguno de sus magos; el copero, antiguo compañero de cárcel, se había acordado de José.

Luego de haberse aseado fue conducido al Palacio y escuchó el doble sueño del Faraón, no sólo lo interpretó, sino que también, le aconsejó acerca de lo que debía hacer: las siete vacas gordas que salían del Nilo y las siete espigas granadas, significan siete años seguidos de abundantes cosechas. Las siete vacas flacas y las siete espigas sin grano que devoran a las gordas significan otros tantos años de malas cosechas y hambre en todo el imperio. Entonces José dijo:

—mi consejo es que nombres un varón inteligente y honrado que administre el país.

El Faraón le ordenó que se pusiera al frente de Egipto, convencido de su inteligencia, sólo él tenía más autoridad que José. Con el tiempo contrajo matrimonio y tuvo dos hijos, Manasés y Efraín.

Los años del hambre, y el tiempo de las vacas flacas, llegó también a las tierras de Canán. Jacob supo que en Egipto había trigo y mandó a sus hijos a comprar; cuando llegaron allí José los reconoció inmediatamente, pero ellos a José no. Fingió que los tomaba por espías extranjeros y los amenazó con la cárcel.

Para evitarla, ellos le contaron de donde venían y que también tenían un hermano menor que se había quedado en Canán con Jacob, su padre. Como demostración de que no mentían José les exigió que le trajeran ese hermano menor que decían tener. Simeón se quedaría como rehén hasta que volvieran, les permitió que compraran trigo y les dejó marchar; al llegar a Canán y descargar el trigo se encontraron con que dentro de los sacos estaba el dinero con el que habían pagado.

Tuvieron que volver acompañados de Benjamín, también llevaron el dinero encontrado entre el trigo.

José les obsequió con un gran banquete, y en secreto, ordenó a su mayordomo que metiera en el saco de Benjamín la copa de plata que él mismo usaba, y que también volviera a meter el dinero en los sacos, como en la vez anterior.

Salían ya de la ciudad con los jumentos cargados cuando les dio alcance el mayordomo con la orden de detenerlos por ladrones. Registró los sacos y en el de Benjamín apareció la copa de José, volvieron a la presencia de éste. Con dureza les dijo que el ladrón tenía que quedarse en la cárcel.

Ante la expresión de sus rostros José no pudo resistir más y llorando de alegría los abrazó, revelándoles quien era y que no temieran por lo que años atrás habían hecho con él.

José despidió a sus hermanos con el encargo de que le dijeran a su padre que dejara Canan y se trasladara con toda su familia a Egipto, enviándole abundantes víveres y ricos presentes. Para facilitar el traslado de la familia, les dio enceres y ganado y también carros. Les aseguró que en Egipto tendrían campos de suelo fértil y abundantes pastos para el ganado.

Jacob sintió una inmensa alegría cuando sus hijos le contaron el reencuentro con José, y exclamó:

—mi hijo José aún vive, iremos y así podré abrazarlo antes de morir.

Se organizó la caravana y emprendieron el viaje. La componían unas 75 personas; antes de iniciar la partida Jacob ofreció sacrificio para saber si era voluntad de Dios que abandonara Canán. Y escuchó su voz que le decía:

—no temas viajar a Egipto, allí te harás una gran nación. Iré contigo y te acompañaré en el regreso.

Jacob mandó por delante a Judá para que avisará a José, quien salió a su encuentro en una espléndida carroza, se fundieron en un tierno y emocionado abrazo en el que derramaron lágrimas de alegría.

José presentó a su padre y hermanos al Faraón, quien les dijo que toda la tierra de Egipto estaba a su disposición, que asentara a su familia en Gosen, que era la mejor zona del país.

Tiempo después murió Jacob y en cumplimiento de una promesa lo llevaron a enterrar a Canán.

# ❧ Moisés y los Diez Mandamientos ❧

Murió José. Fueron pasando los años y los siglos; se sucedieron unos Faraones a otros, y el pueblo de Israel ya no recibía favores. Al contrario, un Faraón pensó que la numerosa descendencia de aquella raza podía ser un peligro para Egipto.

Por ello, sometió al pueblo de Israel a la esclavitud; lo empleó en los trabajos más pesados, y ordenó que los niños varones fueran eliminados al nacer. Una mujer de la tribu de Leví tuvo un hijo, era hermoso, lo ocultó durante tres meses; pero no podía continuar con él sin ser descubierta, preparó una canastilla tejida con juncos y papiro; la recubrió de peces, puso en ella a su niño, y la dejó en un juncal a orillas del Nilo. La hermanita del niño vigilaba desde lejos, justo entonces bajó la hija del Faraón a bañarse al río y divisó a lo lejos la cestilla. Mandó a sus criadas que la trajeran, al abrirla se encontró con el niño que se puso a llorar. Le dio pena, y pensó que debía ser un hijo de los hebreos. La hermanita se acercó y le preguntó a la hija del Faraón:

—¿quieres que te busque una nodriza Hebrea para que te cuide al niño?

—Sí, búscala —respondió, y la hermanita fue corriendo a avisar a su madre. La hija del Faraón le pidió que lo criara, y que le pagaría por ello.

Cuando el niño estuvo criado, la mujer lo llevó a la hija del Faraón. Lo tomó como hijo y le puso el nombre de Moisés, que significa salvado de las aguas. Moisés creció y se educó en la corte, cuando se hizo mayor visitaba a los de su raza y se dolía de los malos tratos que recibían. Un día por defender a un israelita, mató a un egipcio, y lo enterró en la arena. El Faraón se enteró, Moisés supo, tuvo miedo y huyó.

En su ida, Moisés, llegó al desierto de Madian, donde se refugió. Allí se casó con una hija de Getro y se hizo pastor de ovejas.

A lo largo del tiempo murió el rey de Egipto, los israelitas seguían gimiendo bajo la esclavitud y sus lamentos llegaron hasta el cielo. Dios tenía presente su pacto con Abraham, Isaac y Jacob.

Cierto día andaba Moisés con el ganado, en los pies del cerro del Sinaí y a cierta distancia distinguió el brillo de una zarza que estaba ardiendo; a pesar de ello, no se consumía, asombrado se acercó a ver que era. Una voz lo detuvo.

—No te acerques y descálzate, porque el suelo que pisas es sagrado— y Moisés comprendió que era Dios quien le hablaba. Se cubrió el rostro con las manos y escuchó reverente:

—dirígete al Faraón porque quiero que saques a mi pueblo de Egipto y lo conduzcas a Canán. Yo estaré a tu lado, reúne a los ancianos de Israel y diles que te envía el Dios de vuestros padres.

—¿Y si no me creen? —preguntó Moisés.

Dios le dio poder para hacer milagros con su báculo y así mostrar a su pueblo y al Faraón, que era él quien lo enviaba. También le dijo que su hermano Aaron le serviría de vocero, Moisés y su hermano Aaron expusieron ante la asamblea de los ancianos el plan que Dios les había comunicado. El pueblo de Israel, les creyó y recuperó de nuevo la esperanza de libertad.

Por el contrario, la primera entrevista con el Faraón fue un fracaso total. No sólo se negó a dejar salir al pueblo de Israel, sino que le impuso trabajos más duros aún. El pueblo culpó a Moisés por su desgracia, al haber enfrentado al Faraón, Moisés expuso sus quejas ante Dios, quien le dijo que previniera al Faraón de las desgracias que le iban a sobrevenir si no cumplía con sus deseos. Éste no hizo caso, por lo que Dios empezó a actuar por medio de Moisés.

Un día las aguas del Nilo, sus canales y charcas se tiñeron de sangre. Después las ranas cubrieron su región y la devastaron; más tarde los mosquitos se multiplicaron como el polvo. Posteriormente una plaga de tábanos hizo imposible la vida de todo el mundo.

Ante tanta desgracia parecía que el Faraón iba a ceder; Moisés con su poder acabó con las plagas, pero nuevamente se le endureció el corazón al rey y otra vez se negó.

Apareció una plaga que diezmó el ganado de los egipcios y los hombres se vieron cubiertos de úlceras pestilentes. El Faraón seguía negándose tercamente, una granizada destruyó las cosechas y una plaga de langosta arrasó totalmente los campos. Ante cada calamidad el Faraón llamaba a Moisés para darle el permiso de partida del pueblo de Israel, y cuando Moisés terminaba con la plaga de nuevo le negaba el permiso.

El último castigo iba a ser terrible y el Faraón, tenía que ceder forzosamente; Moisés por última vez y como portador divino, le dijo al Faraón, que seguía empeñado en su negativa actitud:

—a media noche morirán en Egipto todos los primogénitos, desde el heredero del trono hasta el más humilde de los esclavos, así como la cría de toda clase de ganado. Los hijos de Israel no serán dañados, tu pueblo me rogará que salgamos de Egipto, y así lo haremos.

Provisoriamente Moisés les había dado instrucciones a los israelitas, sobre lo que tenían que hacer esa noche:

—cada familia sacrificará un cordero o un cabrito y con la sangre harían una marca o seña en las puertas de las casas; que nadie saliera a la calle; que azaran el animal sacrificado y lo comieran de pie, con todo preparado para iniciar la marcha y salir de Egipto.

La marca en las puertas sería la señal para que Dios no dañara a ninguno de sus habitantes, a media noche la muerte visitó las casas de los egipcios. No había familia que no llorara ningún muerto.

Los egipcios estaban atemorizados por los numerosos fallecimientos y pidieron a los israelitas que se fueran. El Faraón llamó a Moisés y a su hermano y les ordenó que saliera de Egipto todo el pueblo de Israel.

La desordenada multitud de israelitas que abandonó a Egipto acampó en el borde del desierto, cuando se cumplía la primera jornada. Una nube con forma de columna los cubría permanentemente de día, dándoles sombra, y durante la noche los iluminaba. Era la protectora presencia de Dios extendida sobre los viajeros. En dos jornadas más llegaron a las orillas del mar Rojo.

El Faraón se dio cuenta de que había dejado partir un pueblo de esclavos que le rendía importantes servicios y se arrepintió de haberlo permitido, por lo que decidió darles alcance para obligarles a regresar a Egipto.

Se puso al frente de un ejército de 600 carros de guerra con sus mejores oficiales, sacó la numerosa caballería, además de la tropa en los transportes de combate, la persecución se inició a toda marcha. El estruendo de los carruajes y la polvareda que levantaban se podía apreciar desde lejos en el desierto.

Los israelitas los vieron avanzar y el temor se apoderó de ellos. Tenían algunas armas, pero no eran guerreros expertos. Clamaron a Dios y se quejaron ante Moisés por haberlos sacado a morir en el desierto, pues el mar Rojo les impedía proseguir su huída.

Moisés les dijo que no temieran, que se quedaran tranquilos e inmediatamente verían de qué portentosa forma lograban la salvación. Extendió una mano y un viento fuerte empezó a soplar abriendo el mar y separando las aguas, dejando un paso seco. El pueblo podía cruzar a pie, sin mojarse.

El ejército del Faraón los siguió penetrando en el lecho del seco mar, cuando los israelitas acabaron de pasar a la otra orilla Moisés extendió de nuevo la mano, sesó el viento y las aguas volvieron a su nivel, perecieron en ellas el Faraón y todos sus soldados, jinetes y caballos.

El pueblo de Israel lo presenció desde la otra orilla del mar Rojo y por boca de Moisés entonó un canto triunfal a Dios Todopoderoso.

Llevaban ya unos dos meses atravesando el desierto. La comida y el agua habían empezado a escasear y añoraban la carne y el pan de Egipto, sin acordarse de que los habían comido en esclavitud; fue entonces cuando comenzaron las murmuraciones en contra de Moisés y Aaron.

Dios acudió de nuevo en su ayuda y les aseguró que aquella tarde comerían carne, y que en la mañana siguiente tendrían pan. Una parvada enorme de codornices, en su vuelo migratorio estacional, se posó en el campamento y aquella noche pudieron comer carne. A la mañana siguiente todo apareció cubierto por una especie de rocío que al evaporarse dejaba unos granos y copos blancos con gusto muy parecido al del pan..

—¿Qué es? —se preguntaban.

—Es el pan que Dios nos da para alimentarnos —les dijo Moisés.

Mientras cruzaron el árido desierto, cada mañana los israelitas recogían de este alimento divino solamente la cantidad que iban a necesitar para la jornada.

Acampada tras acampada, de oasis en oasis, el pueblo se iba acercando a las montañas del Sinaí. Por las tardes Moisés, cuando se detenían, se sentaba para escuchar y resolver los pleitos que se producían entre la gente del pueblo.

Un día los Amalacitas atacaron a los israelitas. A la mañana siguiente y por orden de Moisés, Josué salió a combatirlos al frente de un grupo de hombres. Moisés subió a lo alto de un cerro para orar por la victoria de su pueblo. Mientras permanecía en oración con los brazos en cruz, Josué vencía, pero cuando los bajaba por cansancio físico ganaban los Amalacitas. Sus acompañantes, Aaron y un mensajero, se dieron cuenta de esta circunstancia y le sostuvieron los brazos extendidos hasta que los Amalacitas fueron definitivamente derrotados. Se cumplía el tercer mes de la salida de Egipto, cuando los israelitas llegaron a las laderas del monte Sinaí.

Dios ordenó a Moisés que subiera a la cumbre porque quería hablarle, una vez que Moisés estuvo en lo alto del Sinaí le hizo conocer su mensaje para que lo transmitiera al pueblo:

—si escucháis mi voz y estáis dispuesto a obedecerla, seréis mi pueblo y os constituiré en una nación santa.

Al oír lo que Dios proponía al pueblo contestó:

—haremos cuanto Dios nos diga.

Muy de mañana hubo relámpagos y truenos, una oscura y densa nube cubría al cerro, en el que se escuchaba entre el fragor de los truenos como un sonido de trompetas. Dios ordenó que Moisés se adentrara en la nube y subiera a la cumbre, pero que el pueblo no traspasara los límites marcados, porque el que lo hiciera moriría de inmediato.

Moisés escribió en el libro de la alianza todo lo que Dios le había dicho, luego levantó un altar e hizo sacrificar varios novillos. A continuación leyó lo escrito en el libro de la alianza y el pueblo respondió:

—haremos y obedeceremos todo lo que ha dicho Dios.

Entonces Moisés, con el resto de la sangre de los novillos, roció al pueblo y al libro, mientras decía:

—esta es la sangre de la Alianza que Dios ha establecido con nosotros, sobre todas estas palabras. Así quedó sellado el pacto entre Dios y el pueblo de Israel. De nuevo llamó Dios a Moisés a la cumbre del Sinaí. Allí permaneció durante 40 días con sus noches, recibiendo indicaciones más detalladas sobre los diez mandamientos. Dios le dictó leyes civiles para el gobierno del pueblo; estableció las fiestas y todos los elementos del culto; incluso indicó cómo tenían que ser las vestiduras sacerdotales.

Le dio instrucciones para construir un templo desmontable, con telas sobre bastidores. Le dijo que el Arca de la Alianza tenía que ser una arqueta de madera de acacia vestida de oro, en la que pondría el libro de la Alianza y las dos tablas de piedra que le iba a dar; como tenía que ser el candelabro de los siete brazos; el altar de los sacrificios, dimensiones del Templo; etc.

El pueblo se cansó de esperar en las faldas del cerro y creyó que Moisés ya no regresaría; empezaron a sentirse abandonados por éste y por Dios. Hablaron con Aaron y acordaron hacer un Dios, como hacían otros pueblos.

Entre todos aportaron joyas, monedas y objetos de oro; lo fundieron todo junto e hicieron un becerro de oro al que adoraron. Este es el Dios que nos sacó de Egipto exclamaban danzando alrededor del altar que le habían levantado.

Moisés, cuando bajó de la cumbre llevando las dos tablas de piedra en las que estaba escrito el decálogo, se enteró de lo que sucedía y de rabia las estrelló contra el suelo, haciéndolas pedazos. Derribó y destruyó el becerro convirtiéndolo y mezclándolo con agua, hizo tragar al pueblo.

Dios también se encolerizó profundamente al ver que habían quebrantado el pacto, en tal grado que estaba decidido a destruirlo, pero Moisés intercedió ante él suplicándole paciencia y misericordia para su pueblo.

Moisés aplacó la ira de Dios, producida por lo del becerro de oro. De nuevo subió al Sinaí con dos tablas de piedra preparadas y regresó con ellas escritas.

El pueblo, ya arrepentido, colaboró en la construcción del Templo portátil. En la fiesta de su consagración Moisés revistió y fungió a Aaron como sumo sacerdote; y la nube, símbolo de la presencia de Dios, descendió hasta cubrir el Templo.

Como dos años permaneció el pueblo de Israel a los pies del Sinaí, Dios mandó que se desmontara el Templo y se levantara el campamento para reanudar el camino, de acampada en acampada se desplazaron por el desierto.

Si la nube permanecía fija sobre el Templo, el campamento no se movía; cuando la nube se elevaba, era la señal para ponerse en marcha.

La dureza del desierto producía descontento en el pueblo. Las quejas contra Moisés eran frecuentes. Dios se sentía ofendido por ella, y una vez los castigaba; otras, les hacía favores milagrosos.

En una de las campadas estaban sin agua. El pueblo reunido preguntó a Moisés y Aaron:

—¿por qué habéis conducido al pueblo escogido del señor al desierto?

—Para que muramos nosotros y también nuestro ganado, ¿por qué nos hiciste salir de Egipto?, y nos habéis traído a este miserable terreno, que no se puede sembrar y que ni siquiera tiene agua para beber.

Moisés clamó al señor; después de aparecer frente a él le dijo:

—golpea con tu báculo en una roca y brotará agua, para que pueda beber todo mi pueblo y también su ganado.

Y Moisés siguió la voluntad de Dios, así lo hizo y toda la gente pudo saciar su sed.

# ❧ La caída de Jericó ❧

En tiempo de Moisés habían conquistado la mayor parte de las ciudades situadas al Este del Jordán. La fama del poderoso Dios que los guiaba, había pasado hasta la otra orilla del río.

Josué envió dos espías para que examinaran las defensas de Jericó y extrajeran informes de su comarca.

Después de rodear el río y entrar en la ciudad se hospedaron en la posada de una mujer llamada Rajab. Los guardias de Jericó descubrieron la presencia de los dos israelitas e iniciaron su búsqueda para capturarlos. Rajab los ocultó en la terraza de su casa entre gavillas de lino. A los guardias les dijo, en efecto, que habían estado en su casa, pero que al anochecer se habían marchado.

Cuando los guardias se fueron para darles alcance, Rajab se reunió con los espías y les dijo que la ciudad estaba atemorizada porque sabían que el Dios de los israelitas les había prometido el país de Canán.

Luego les pidió que cuando conquistaran la ciudad respetaran su vida y la de su familia, en pago de la ayuda que les había prestado; la posada estaba pegada a la muralla y tenía una ventana que la atravesaba.

Avanzada la noche Rajab ayudó a los espías a descolgarse por el muro. Éstos le dijeron que pusiera en la ventana un pañuelo rojo en señal para que se respetara la vida de los que moraban en aquella casa.

De regreso en el campamento se presentaron a Josué y le contaron todo en un informe claramente optimista.

—La gente está aterrorizada y no opondrán resistencia al asalto.

Algunos días después los israelitas levantaron el campamento de Sittin para emprender la marcha definitiva hacia Jericó, para lo cual tenían que cruzar el Jordán. Era primavera y el río corría desbordado por ambas riveras. Permanecieron tres días en la orilla esperando.

Las órdenes llegaron por fin y los sacerdotes se echaron sobre los hombros los varales del Arca de la Alianza y empezaron a meterse en la corriente. Inmediatamente ésta se cortó quedando detenida aguas arriba. Los sacerdotes esperaron al pie del muro hasta que pasó todo el pueblo. Se retiró el arca y el Jordán volvió a ser río de abundantes aguas.

Ante la llegada de los israelitas la ciudad de Jericó se cerró dentro de sus murallas y desde lo alto de la misma contemplaban la llegada. Todo el pueblo de Israel dio una vuelta a Jericó rodeando las murallas y volvieron al campamento. Así lo hicieron durante siete días.

Al séptimo día, al amanecer y en silencio, dieron una vuelta, y luego otra, y otra ante el asombro de los centinelas de las murallas. A la séptima vuelta Josué dio la orden:

—gritad, Dios os ha entregado la ciudad— sonaron las trompetas y el pueblo estalló en un griterío ensordecedor. Tembló la tierra y las murallas se derrumbaron. Por los pasillos abiertos en los muros invadieron la ciudad pasando a cuchillo a todos sus habitantes, excepto a Rajab y a su familia, que se salvaron en cumplimiento de la promesa que les habían hecho los espías israelitas.

# ❧ Sansón y Dalila ❧

Por su falta de fe, los israelitas cayeron bajo el dominio de los Filisteos y Dios designó a Sansón para que luchara contra ellos.

Tenía una fuerza física extraordinaria, en una ocasión les quemó las cosechas atando antorchas encendidas a la cola de zorras, y soltándolas por los campos. Los Filisteos supieron que había sido Sansón y salieron en su búsqueda para matarlo. Éste les hizo frente con una quijada de burro como arma y les ocasionó más de mil bajas. Su mujer, Dalila que era filistea, lo traicionó y cuando supo que el origen de la fuerza residía en la larga cabellera, esperó a que estuviera dormido para cortarle el pelo y dejar anulada su fuerza.

Los Filisteos apresaron fácilmente y en venganza le sacaron los ojos, condenándolo a dar vueltas a una rueda de molino.

Algún tiempo después festejaron una fiesta en el templo del Dios Dagón. Para burlarse de él llevaron a Sansón, quien en un descuido de sus guardianes pudo ponerse entre las dos columnas que sostenían todo el edificio y apoyando una mano en cada una, pidió a Dios que le devolviera la fuerza.

En un esfuerzo inmenso separó los brazos y exclamó:

—muera Sansón, con todos los Filisteos.

Con gran estrépito el edificio se derrumbó y aplastó a todos los reunidos, muriendo él también.

# La vocación de Samuel

No era extraño que en aquellos tiempos las esposas de los descendientes de Israel, no pudieran concebir hijos, tal era el caso de Ana quien suplicaba a Dios llorando que le concediera la gracia de concebir uno, con la promesa de que lo dedicaría a su servicio en el templo. Tiempo después nació Samuel.

Por aquel entonces el juez y sumo sacerdote de Israel se llamaba Helí y residía en Silo, porque era allí donde estaba el Arca de la Alianza. Sus hijos le ayudaban en el Templo y a pesar de las órdenes y consejos de su padre, cometían muchos abusos en el servicio de Dios y al pueblo.

Apenas Samuel empezó a andar Ana lo llevó a Helí, quien lo aceptó y lo puso a su servicio. Una noche mientras dormía, oyó una voz que lo llamaba por su nombre:

—¡Samuel!, ¡Samuel!

—¡Aquí estoy señor! —contestó acudiendo rápidamente donde estaba Helí. Así ocurrió por tres veces y a la tercera Helí sospechó que era Dios quien lo llamaba y le dijo cómo tenía que responderle. Cuando de nuevo oyó su nombre, Samuel contestó:

—habla, señor, que tu siervo escucha.

Y Dios le manifestó los castigos que iba a aplicar a la casa de Helí por culpa de los abusos de sus hijos. Por la mañana se lo contó todo y Helí aceptó la voluntad de Dios.

Debido a que los Filisteos tenían concentradas sus tropas para atacar Israel, el Consejo de Ancianos pidió que fuera llevada el Arca de la Alianza al campo de batalla para que Dios les diera la victoria. La transportaron los hijos de Helí y a lo largo de la batalla, como muchos otros, hallaron la muerte de la derrota, cayendo el Arca en poder de los Filisteos. Helí al recibir la noticia de la muerte de sus hijos, sufrió tal impresión que cayó de espaldas y murió también. Así se cumplió lo anunciado por Samuel.

Después de siete meses los Filisteos devolvieron el Arca de la Alianza en vista de las desgracias que causaba en sus ciudades.

Cuando los israelitas recuperaron el Arca de la Alianza pensaron que con ella vencerían a los Filisteos en la próxima batalla. Pasaron veinte años, pero no lograban triunfar. Samuel habló al pueblo para decirles cuál era la causa de sus derrotas.

—Apartad de vosotros a los dioses extranjeros, arrojad los ídolos y disponed vuestro corazón para servir a Dios. Sólo así os libraréis de los Filisteos.

A propuesta de Samuel el pueblo se congregó en Masía para celebrar una jornada de penitencia, como ayuno y oración. Los Filisteos se enteraron de esta gran concentración y movilizaron el ejército para caer por sorpresa sobre la multitud. Los israelitas al saberlo se llenaron de pánico y pidieron a Samuel que no cesara de orar por ellos. Mientras ofrecía el sacrificio estalló una gran tormenta con relámpagos y truenos, que descargó sobre los enemigos, emprendiendo la huida. Los israelitas los persiguieron y obtuvieron la primera victoria en mucho tiempo.

Durante la vida de Samuel se recuperaron algunas ciudades y hubo un largo periodo de paz. Cuando se hizo viejo creyó que sus dos hijos le tenían que suceder como jueces. Pero se reunieron los jefes de la tribu para decirles que no aceptaban a sus hijos, sino que querían que les nombrara un rey, como lo tenían los otros pueblos. A Samuel la idea no le pareció buena porque sólo Dios era el Rey de Israel. Los jefes insistieron, por lo que acudió a Dios, que le dijo:

—atiende su ruego.

Pero Samuel les pidió tiempo para pensar.

Días después convocó al pueblo en Masfa y presentó al rey. Era de buena presencia y destacaba por su estatura. Toda la gente exclamó:

—¡viva el rey!

Samuel renunció a sus funciones de juez, y recordó al pueblo que Dios está por encima del rey.

# ❧ David y Goliat ❧

David era el menor de los hijos de Jese y Samuel, este último descendiente de Moisés; inspirado por Dios, quien lo había ungido para que fuera el nuevo rey, Saúl cayó enfermo de una tristeza que le impedía tener sosiego y le aconsejaron que escuchase música como remedio a su mal. David era conocido por su arte en tocar el arpa, por esto fue llamado a la corte de Saúl. El rey se quedó sorprendido de las cualidades del muchacho.

Además de deleitarse escuchando su música lo tomó como escudero. Los Filisteos reorganizaron su ejército y fueron a atacar a Israel. Estaban ambos ejércitos frente a frente. Del bando filisteo se adelantó Goliat, un soldado gigante, y retó a que saliera un israelita a pelear contra él, todos se aterrorizaron, pero David convenció a Saúl para que le permitiera salir. Tomó su callado de pasto; y puso en el zurrón cinco guijarros del torrente, y con la onda en la mano, salió al encuentro de Goliat, cuando estuvo a buena distancia, puso un guijarro en la onda.

Restalló un trallazo en el aire a Goliat y éste cayó desplomado. Le había dado en la frente. Corrió David y con la espada del mismo Goliat le cortó la cabeza. El ejército Filisteo se batió en retirada, Saúl los persiguió y consiguió una nueva victoria.

David comenzó a ser famoso, Jonatan, el hijo mayor de Saúl, lo tomó por su mejor amigo y este último lo puso al frente de una parte de su ejército. Los éxitos militares de David le dieron mucha popularidad. Cuando regresaba de alguna incursión contra los Filisteos, las mujeres lo recibían danzando y cantando. Esto irritaba mucho a Saúl y empezó a tenerle tanta enviada que quiso matarlo por dos veces, estando David tocando el arpa para calmar su melancolía le arrojó la lanza para atravesarlo, pero esquivó el golpe en ambas oportunidades y huyó de su presencia.

Se entrevistó con su amigo Jonatan para contarle todo, Jonatan le permitió que intercediera por él ante su padre y según viera sus intensiones, se lo haría conocer, en la fiesta de luna nueva Saúl acostumbraba cenar con sus jefes militares. Allí estaba Abner y Jonatan; pero faltaba David, preguntó por él y Jonatan intentó justificar su ausencia. Saúl se encolerizó y le dijo a su hijo que fuera a buscarlo porque era reo de muerte.

A la mañana siguiente avisó a David para que huyera y se ocultara, David empezó una vida errante escondiéndose en las ciudades y en el desierto. Se le unieron sus hermanos y otros descontentos en situaciones apuradas. Al frente de aquella partida de unos 400 hombres, unas veces guerreo contra los Filisteos y Amalaquitas; y en otras ocasiones tuvo que pactar con ellos para ocultarse.

Saúl, tan pronto se enteraba de por donde andaba David, organizaba expediciones para darle muerte, pero siempre pudo escabullirse. En dos oca-

siones David estuvo tan cerca de Saúl, que en una le cortó la onda de su manto en el fondo de una cueva, y en la otra le robó la lanza en su propia tienda de campaña. Pudo matarlo y no quiso hacerlo porque era su rey.

Saúl y Jonatan murieron un día luchando contra los Filisteos, David después de llorar la muerte de Saúl y Jonatan subió a Ebron, y ahí fue proclamado Rey de Judá.

# ✎ El Rey Salomón ✎

David era anciano y además estaba enfermo; el profeta Natán sabía cuales eran los deseos del Dios y del Rey, y le comunicó que Adonías, hijo mayor de David, intentaba derrocarlo.

David ordenó inmediatamente que otro hijo suyo Salomón, fuera ungido Rey y que se sentara en su trono. Le dio los consejos oportunos y poco después murió. Salomón se consolidó en el trono y se casó con la hija del Faraón de Egipto. Con este matrimonio Israel ganó renombre y respeto ante las otras naciones.

Dios había dado a Salomón mucha sabiduría. Un día se presentaron ante él dos mujeres que vivían juntas. Una con un niño muerto en los brazos, y la segunda con otro niño vivo. Las dos reclamaban como propio al niño vivo. Después de escucharlas Salomón mandó a un soldado que con la espada partiera en dos al niño vivo, y que diera una mitad a cada una. Se postró suplicante ante el Rey una de ellas y le dijo:

—antes de que lo mates prefiero que se lo lleve la otra.

Así Salomón supo cual de las dos era la madre del niño vivo.

Con sus muchas riquezas construyó un espléndido Palacio, amplió las murallas de Jerusalén y sobre todo, edificó el Templo. Cuando estuvo terminado convocó a todo el pueblo de Israel para trasladar el Arca de la Alianza a su lugar definitivo.

Salomón terminó mal su vida. Se apartó de los mandamientos de Dios y edificó templos a dioses paganos. Dios le retiró su bendición y la unidad nacional de Israel se rompió.

# Elías y el carro de fuego

En tiempos de Ajab y Ococías, reyes de Israel, Dios habló por medio del profeta Elías. Ajab ofendió a Dios más que todos los reyes anteriores y Elías se presentó ante él para anunciarle que como castigo no llovería durante varios años.

Ajab insistió en que su mujer Jezabel mandara matar a todos los profetas de Israel. Elías tuvo que huir y ocultarse en las quebradas de un torrente, al otro lado del Jordán. Los cuervos le traían pan y carne para comer.

Al tercer año Dios mandó a Elías que se presentara a Ajab, porque ya iba a mandar la lluvia. Para demostrar de forma terminante cuál era el verdadero Dios, Elías propuso a los sacerdotes de Baal, que prepararan los altares con leña en el monte Carmelo pero sin fuego y el toro troceado encima. El Dios que responda con fuego para encender la leña será el verdadero Dios.

Los sacerdotes de Baal prepararon todo y empezaron a cantar y a danzar en torno al altar invocando a su Dios.

—¡Gritad más, tal vez Baal duerme! —les decía Elías.

Acabaron extenuados sin conseguir nada. Elías reparó el altar de Dios, que había sido destruido, con doce piedras, puso la leña y colocó encima la carne del toro. Luego ordenó que derramaran cántaros de agua sobre la ofrenda. Invocó a Dios y al instante bajó fuego del cielo que consumió todo. El pueblo se postró exclamando:

—¡este es el Dios verdadero!

Luego de esto apresaron y mataron a los sacerdotes de Baal. Mientras que Ajab comía, Elías se subió a la cumbre del Carmelo. Mandó a su criado que estuviera mirando hacia el mar mientras él oraba. Al rato dijo el criado que se divisaba una nubecilla en la lejanía. Elías le ordenó que avisara a Ajab para que emprendiera el viaje de regreso antes de que se lo impidiera la lluvia. Al poco rato se cubrió el cielo con nubes traídas por el viento, y empezó a llover en abundancia.

Jezabel, la esposa de Ajab, se enteró de la matanza de los sacerdotes de Baal y juró que mataría a Elías. De nuevo Elías tuvo que huir hacia el desierto y, alimentado milagrosamente, tuvo fuerzas para llegar hasta la montaña de Horeb. Allí permaneció en una cueva hasta que Dios le habló. Lo mandó a Damasco donde debía ungir al rey de Siria, al rey de Israel y buscar a Eliseo para que fuera profeta en su lugar. En el camino se encontró con Eliseo que estaba arando y le echó al pasar el manto encima. Eliseo, dejando los bueyes, se fue tras él, dedicándose a su servicio.

Cumplidos otros diversos encargos que Dios le fue dando, salió Elías de Jericó, cruzó milagrosamente el Jordán, en compañía de Eliseo, y andando por el camino pasó un carro tirado por caballos, todo de fuego; se subió a él y, así, en un torbellino de fuego subió Elías al cielo.

# ❧ Jonás ❧

En los tiempos de profetas, Dios le habló a Jonás

—Vete a Nínive, la gran ciudad y predica en ella puesto que son muchos sus pecados.

Mas el profeta para huir del mandato de Dios, bajó a Jope, pagó el pasaje y se embarcó en un navío que zarpaba para el Sur de España. Se desencadenó una fuerte tormenta, que los marineros por miedo a naufragar arrojaron al mar la carga para aligerar el viaje. Cada cual invocaba a su Dios. Jonás se refugió en la bodega y dormía profundamente. Lo encontró el Capitán y le mandó que se levantara e invocara también a su Dios. Sospecharon que aquella tormenta era un castigo de los dioses y echaron suerte entre ellos para saber quien era el culpable. Recayó en Jonás quien les contó todo y les pidió que lo arrojaran al mar. Inmediatamente vino la calma.

Dios mandó un gran pez para que se tragara a Jonás. Tres días y tres noches, lo llevó en el vientre hasta que lo vomitó en tierra firme. De nuevo le dio Dios la misma orden y Jonás se encaminó a Nínive.

Tres días después de recorrer la ciudad. Entró en ella y empezó a predicar anunciando:

—dentro de 40 días Nínive será destruida.

Los ninivitas hicieron caso a Jonás y se arrepintieron de sus pecados. Se enteró el Rey de Nínive y descendió de su trono, se despojó del manto regio y se vistió con la tela basta y ceniza. Publicó un edicto invitando a todos los habitantes a que clamasen a Dios con todas sus fuerzas, ayunaran y se arrepintieran cada uno de su mala vida y de sus injusticias, gritando:

—quien sabe si Dios se volverá atrás y no pereceremos.

Cuando Dios vio que se arrepentían de su perverso proceder se compadeció de ellos y no llevó a cabo dicha destrucción.

## Isaías

Este profeta, hijo de Amos, tuvo una visión: el Señor estaba sentado en su trono; Serafines de pie cantaban a coro:

—Santo, Santo, Santo es el Dios de los ejércitos; llena esta tierra de su gloria.

Uno de ellos se le acercó con una braza encendida y le tocó los labios. Oyó la voz de Dios que decía:

—¿a quién enviaré?

Entonces Isaías contestó —aquí estoy; envíame a mí.

Dios le dijo —ve y habla a este pueblo.

De esta manera Isaías, inició su actividad profética. La desarrolló durante los tiempos de Jotan, Ajaz, y Ezequías, reyes de Judá.

El Rey Ajaz, asustado por la coalición de los reyes de Siria e Israel, fue avisado por Isaías, de que no se produciría esta conquista. En la entrevista el profeta le anunció entre otras muchas cosas, que será el Rey de Asiria, el que desolara Judea, y que tendrá un día en que la virgen concebirá y dará a luz a Emmanuel (Dios con nosotros).

Poco después Isaías fue testigo de la destrucción y deportación de los habitantes de Israel por los Asirios.

El año 14 del Rey Ezequías, hijo de Ajaz, de Seraquerib, rey de Asiria, conquistó las ciudades fortificadas de Judea y envío un general hasta las puertas de Jerusalén para negociar la rendición. Ezequías, haciendo caso a Isaías, no cedió y aquella noche murieron miles de soldados asirios por una enfermedad contagiosa, Senaquerib regresó a Nínive, donde dos de sus hijos lo asesinaron.

El profeta Isaías fustigó la idolatría y toda clase de pecados del pueblo y de sus reyes.

# ❧ El profeta Daniel ❧

Neko II, Faraón de Egipto, fue a hacer la guerra contra Asiria. Pidió permiso al rey Josías para pasar por Judea, pero éste no sólo le rechazó el permiso sino que también salió a hacerle frente en batalla. Josías murió en el combate y el Faraón impuso como rey de Judea a Joaquín, con la obligación de pagarle tributos muy cuantiosos. Joaquín los pagó exigiendo la plata y el oro al pueblo.

Fue durante esta dura servidumbre cuando Nabucodonosor, rey de Babilonia, sometió a Judea y deportó a algunos judíos, entre los que se hallaba el joven Daniel; quien en la primera expedición del ejército de Nabucodonosor a Judea a petición del rey, cuatro jóvenes de la nobleza de Jerusalén fueron trasladados a Babilonia, para que fueran instruidos en toda clase de saber y en la lengua caldea. Su formación duraría tres años, si se les consideraba aptos pasarían al servicio de Nabucodonosor. Dios concedió a los muchachos inteligencia y sabiduría ante toda clase de cuestiones, Daniel además estaba dotado de un poder extraordinario para interpretar visiones.

Nabucodonosor, tuvo un sueño que le angustiaba tanto que no podía dormir. Convocó a sus magos y adivinos para que lo interpretaran. Mas el rey no quiso contarles el sueño, sino que pidió que se lo adivinaran ellos, y así tendría seguridad y certeza de su interpretación.

Éstos confesaron su incapacidad y el rey decretó la muerte de todos ellos. También afectaba a Daniel este decreto. Oró al señor y Dios le reveló el enigma del sueño del rey; para salvar su vida y la de los demás Daniel se presentó ante él y le explicó el sueño:

—era una estatua de gran altura; la cabeza, de oro; el pecho y los brazos de plata; el vientre y los lomos, de bronce; los muslos serán de hierro, y los pies de arcilla y hierro. Cuando la estaba contemplando, una leve piedra rodó por las alturas sin que interviniera mano humana, y chocó contra los pies de la estatua; ésta se derrumbó hasta convertirse en polvo y en nada. En cambio, la piedra empezó a crecer; se hizo montaña, y llenó toda la tierra, éste es el sueño —dijo Daniel— y su interpretación es la siguiente: la cabeza de oro, o rey, eres tú; te sucederá otro imperio de plata; vendrá otro de bronce; después, uno fuerte como el hierro que luego se debilitará al unírsele la arcilla del alfarero. La piedra que rodó de lo alto sin intervención humana es un nuevo reino que Dios creará y que perdurará eternamente. Con este sueño ¡oh rey!, Dios te ha dado a conocer el futuro.

Nabucodonosor se postró en tierra y confesó ante Daniel:

—tu Dios es Dios de dioses y señor de los reyes. Le obsequió con cuantiosos regalos; lo nombró señor de la provincia de Babilonia y jefe de todos los sabios.

# ❧ Tobías y el Ángel ❧

Tobit, como otros muchachos israelitas, fue deportado a Nínive con su esposa Ana, desde su mocedad, amó y sirvió al señor y vivía en su presencia constantemente.

En una ocasión de un nido le cayó excremento a los ojos y se quedó ciego.

Tobit tenía un hijo llamado Tobías, al que le dijo que buscara a un hombre conocedor de las rutas para que le acompañara a cobrar un dinero. Tobías se encontró a un joven decidido y dispuesto a guiarle. Tobit les dio los recibos y emprendieron la primera jornada, les acompañaba el perro. Acamparon junto al río Tigris. Tobías fue a bañarse los pies cuando un enorme pez le amenazó con la boca abierta. Gritó el joven acompañante y le dijo que sacara al pez del agua.

—Sácale el corazón, el hígado y la hiel; guárdalos, que son medicina provechosa.

Anduvieron algunas jornadas más. El acompañante propuso que debían pasar la noche en casa de Raquel, pariente de Tobías; y le aconsejó que pidiera la mano de su hija Sara; diciéndole que Dios la había apartado para él.

Mientras se celebraban los días de fiesta por la boda, el joven, para ganar tiempo se fue con los recibos a la ciudad y cobró los 10 talentos de plata.

Emprendieron el regreso a Nínive, Tobías siguiendo el consejo de su guía, aplicó sobre los ojos de su padre, la hiel del pez y milagrosamente recuperó la vista. En la casa no cabía más gozo. Tobit veía; su hijo había regresado con una encantadora esposa, y tenían dinero para vivir. Dios había sido generoso con ellos. Cuando Tobit habló al joven para darle como salario la mitad de lo que había traído éste le dijo: yo soy Rafael, uno de los siete ángeles que presentan las oraciones de los santos ante Dios y desapareció.

# ❧ Las pruebas de Job ❧

Había en el país de Us, un hombre que se llamaba Job era recto, temeroso de Dios y apartado del mal. Tenía siete hijos y tres hijas.

Era el más rico de toda la región, y gozaba de buena fama, daba abundantes limosnas a los pobres.

Un día preguntó Dios a Satanás si se había dado cuenta de Job, su fiel servidor; el demonio le replicó que si no se revelaba era porque todo le salía bien; si le dañaba en sus bienes, maldeciría como los demás hombres. Entonces Dios autorizó a Satanás para que le hiciera lo que él quisiera, pero que a él no lo tocara. Y ocurrió que, en un solo día, le llegaron todas las desgracias.

Le robaron los ganados, camellos y burros; le mataron a sus sirvientes y sus hijos murieron aplastados bajo los escombros de la casa donde estaban reunidos. Job se postró en tierra, y dijo:

—Dios me dio todo y Dios me lo quitó. Que su nombre sea bendito.

Dios se complació en la actitud de Job y de nuevo, habló con Satanás sobre la fidelidad de su siervo. El demonio le contestó:

—todo lo que el hombre tiene lo da gustoso por su vida, si se le daña en su salud él maldecirá.

Dios le dijo —Satanás ahí lo tienes a tu disposición, pero guárdale la vida.

Y Job se convirtió de pies a cabeza en una llaga maligna. Su mujer le incitaba a que maldijera a Dios. Mas Job le dijo:

—hablas como loca. Si aceptamos de Dios el bien, ¿no hemos de aceptar el mal?

Job afirmaba y repetía que él no había obrado mal. Y se planteó la pregunta:

—¿por qué existe el mal?

Dios intervino, planteando a Job muchas cuestiones que no sabía responder. Concluyó diciéndole:

—el sufrimiento es difícil de entender, yo sé medirlo y lo distribuyo según me place, ten confianza en mí.

Job aún recuperó la salud, tuvo nuevos hijos y duplicó sus riquezas, y así para ser generoso con los necesitados.

# ❧ Los hermanos Macabeos ❧

Antíoco IV, Epifanes conquistó Egipto. De regreso pasó por Jerusalén y por toda Palestina (169 a. C.) robó los tesoros del templo; mató a muchos judíos y se volvió a su tierra, al norte de Palestina. Dos años después envió un emisario de tributos con poderoso acompañamiento a todas las ciudades de Judea. En Jerusalén asesinó a muchos de sus habitantes, saqueó la ciudad y la entregó a las llamas.

Para colmo de males Antíoco publicó un edicto para el cual todas las naciones que estaban bajo su dominio debían abandonar sus leyes particulares y su religión, para formar un solo pueblo.

Muchos se mantuvieron fieles a la alianza con Dios. Como aquella madre y sus siete hijos: uno a uno, de mayor a menor en presencia de los otros y de la madre fueron mutilados, azotados y torturados de diversas maneras. Durante los tormentos la propia madre les daba aliento, la persecución fue cruel en toda Palestina.

Algunos se escondieron en las cuevas del desierto pero las patrullas del rey los encontraron en un día sábado y por no quebrantarlo luchando, unas mil personas se dejaron matar sin oponer resistencia.

El sacerdote Matatías, vivía en Modín. Tenía cinco hijos: Juan, Simón, Judas, Eleazar y Jonatas. Llegaron a Modín emisarios del rey Antíoco para forzar a la apostasía y a que ofrecieran sacrificios a los ídolos. Matatías se negó diciendo:

—aunque todos obedezcan al rey, mis hijos y yo seguiremos la ley de Dios.

Aún estaba hablando cuando un Judío se adelantó a ofrecer sacrificio a los ídolos. Matatías encendido en el celo por el honor de Dios no pudo contenerse y lo degolló sobre el altar. Inmediatamente se volvió al comisario del rey y lo mató también; destrozó el altar y gritó:

—todo el que mantenga la alianza que me siga.

Y huyeron él y sus hijos a la montaña.

Fueron uniéndosele hombres valientes, adictos a la ley, que no soportaban las opresiones de Antíoco.

Poco antes de morir Matatías reunió a sus seguidores y les dijo:

—no ataquéis en sábado; pero si alguno viene a pelear contra vosotros, luchareis contra él aunque sea el día de reposo; no obréis como aquellos hermanos nuestros del desierto, que se dejaron asesinar por guardar el sábado. Sed fuertes, y combatir por nuestro Dios y su ley.

Luego nombró capitán al más valiente de sus hijos Judas, apellidado el Macabeo.

# ☙ La Anunciación ❧

Era el año 34 antes de Jesucristo, en la ciudad de Jerusalén; justo en el Templo del Sacerdote principal Zacarías, quien se disponía a ofrecer incienso al Señor, de pronto una luz resplandeciente iluminó el sagrado recinto. Al volverse el religioso vio ante si a un enviado divino de rostro majestuoso y mirada tranquila.

—Por Jehová ¿quién eres tú? —preguntó con gran asombro, Zacarías temblaba de pies a cabeza al no poder explicarse la milagrosa aparición; sin embargo, el visitante lo calmó con palabras dulces.

—No temas… mi presencia debe servirte de gozo y consuelo; soy Gabriel, el Arcángel de Dios y vengo a darte la buena nueva.

—¿A qué te refieres? —preguntó sin pensarlo Zacarías.

—A que tus súplicas y las de tu mujer han sido escuchadas en el cielo, para que te convenzas de ello, sabe que Isabel, tu esposa, te dará al fin un hijo.

El Sacerdote dudó, —pero si ella es vieja y estéril, ¿cómo podría suceder tal portento?

Gabriel lo miró fijamente —¡hombre de poca fe!, ¡para Dios no hay imposibles!— el Arcángel parecía molesto por la actitud del viejo Judío —he dicho que tendrás un vástago, a quien llamarás Juan, el cual llenará de consuelo toda la casa de Isabel. Su naci-miento será motivo de gran alegría y presagio de fu-tura grandeza, tu hijo será un gran predicador y con-vertirá a muchos de su raza a la verdadera religión.

Zacarías veía fascinado al Arcángel, pero la duda continuaba anidando en su corazón —soy tan viejo como Isabel y tus palabras me llenan de gozo, pero... ¿cómo saber que es cierto lo que me dices?— la ne-cedad del hombre desesperó al enviado celestial.

—¡Tu escepticismo ofende y lastima al señor!

Sus ojos despidieron un rayo de luz celeste, que fue a tocar la lengua del incrédulo. Lleno de espanto Zacarías cayó al suelo y escuchó las terribles adver-tencias del divino ser.

—¡Dudas de lo que yo te digo, que soy uno de los ángeles que moran junto al trono de Dios, él se ha valido de mí para transmitir sus órdenes y me ha enviado a ti anciano malagradecido!; serás castigado por tu poca fe, sordo y mudo permanecerás hasta el día en que se cumpla lo que he venido a anun-ciarte.

Y sin decir más, el Arcángel desapareció tan de improviso como había llegado. Zacarías se hallaba horrorizado sin poder articular palabra ni oír sonido alguno, ya no podía seguir siendo Sacerdote en el Templo de Jerusalén; y profundamente deprimido, lo abandonó arrastrando las plantas de sus pies. No teniendo otro lugar adónde ir, dirigió sus pasos a la ciudad de Aín, en donde se encontraba su mujer aguardándolo —no podré hablar con ella pensó—

atravesó Galilea, Samaria y parte de Judá; y cinco días más tarde arribó a su hogar, su mujer lo recibió con gran alegría, sin imaginar la desgracia que acababa de sucederle.

—Zacarías que bueno que has vuelto —la mujer tenía una magnífica noticia que darle— Dios escuchó nuestras oraciones ¡seré madre!, ya siento en mis entrañas el germen de un nuevo ser que se agita.

Él la contempló con una triste sonrisa que no lograba disimular su pena.

—¿No te alegras? —dijo Isabel— ¿nada me dices? No te alegra nada ser padre cuando ya no teníamos esperanzas.

La abrazó conmovido y comenzó a llorar como un niño.

—Dios, ¿qué tienes? —preguntó Isabel, el infortunado anciano hizo un tremendo esfuerzo, tratando de articular algún sonido intangible, pero resultó inútil, era sordomudo, y exhalando un sonido de angustioso dolor, cayó desfallecido a los pies de su esposa.

Varios meses pasaron a partir de tan extraordinarios acontecimientos, ajenos a la felicidad y la desgracia que en forma simultánea había llegado al hogar de Isabel y Zacarías, dos parientes suyos vivían tranquilos en Nazaret. Eran María, una hermosa joven tocada con la gracia divina, y su esposo José, humilde carpintero de aquella ciudad de Galilea; habían contraído matrimonio según las leyes del pueblo de Israel, si bien José le juró respetarla como al mismo altar de Jehová. María, pues se conservaba virgen y pura para alabanza del señor, la pareja convivía con amor y humildad sin sufrir penurias y elevando sus plegarias al cielo por las gracias recibidas, estaban cobijados por Dios y de algún modo ellos lo sabían.

Cierta tarde el carpintero avisó a su mujer que se ausentaría por unas horas.

—María, iré al monte Carmelo a cortar unos árboles, necesito madera para terminar un trabajo —la inmaculada esposa sonrío con infinita dulzura.

—Ve con Dios y trata de volver antes de que anochezca.

—No te preocupes, así será.

José partió al bosque y ella permaneció en la modesta vivienda, moliendo grano para la cena. Pasaron algunas horas sin que el esposo regresara de su incursión al monte, María comenzó a sentirse preocupada y salió al jardín a esperarlo, pensando:

—Ya es hora que hubiese llegado— y el crepúsculo vespertino prestaba al mundo cada vez menos claridad —anochece ¡oh Dios mío protege a José!— y entonces, sus labios, sonrosados como claveles, se entreabrieron silenciosos para dar paso a un precioso recuerdo —alabado sea el señor —finalizó. Claramente vino a su memoria la tarde en que se le apareció el ángel celestial, portando buenas noticias y diciendo aquel ¡Dios te salve María!, era el mismo arcángel Gabriel, que también se había mostrado ante el incrédulo Zacarías, diciendo:

—llena eres de gracia; el señor es contigo porque eres bendita entre todas las mujeres— la joven virgen comprendió que aquel era un ser celestial, bajó sus ojos sin mirarlo.

—¿Quién eres?, ¡oh emisario divino!

—Nada temas y levanta la cara, que soy yo quien debo postrarme ante ti; Dios me envía a decirte que ha llegado su hora y su gracia, concebirás en tu

seno y parirás un hijo— en aquel momento el anun-
cio asombró a la futura madre de Jesús:

—¿cómo se hará esto, si yo no he conocido varón?

El arcángel sonrió bondadoso, pues comprendió
que María no dudaba sino que en verdad deseaba saber cómo ocurriría el milagro, a lo que respondió:

—permanecerás limpia e inmaculada, el Espíritu
Santo descenderá sobre ti y la virtud del Altísimo te
cubrirá con su sombra. Tu hijo se llamará Jesús y será
reconocido como el hijo de Dios y reinará por siempre sobre la casa de Jacob y su reino no tendrá fin—
el mensajero de Jehová quiso dejar a la virgen una
prueba de la veracidad de sus palabras.

—Escucha lo que voy a decirte: Isabel, tu prima,
la mujer de Zacarías, a concebido en su seno un hijo
a pesar de su vejez; Dios así lo dispuso y para él nada
es imposible.

Maravillada ante aquellos recuerdos, María se
sintió indigna de tan sublime elección, y bajando la
frente habló —he aquí la esclava del Señor hágase de
mí su voluntad— y recordó cuando el arcángel desapareció y el Verbo divino se hizo carne en su bendito vientre. Desde aquel instante, la futura madre de
Cristo nunca dejó de pensar en Isabel.

—Pienso que es tiempo de ir a verla, por su edad
tan avanzada yo le serviré de ayuda y sostén hasta
que su hijo nazca— en ese instante llegó José a su
casa.

—María, ¿qué haces aquí afuera? —ella se sobre-
saltó ante la súbita presencia de su esposo, a quien
poco antes aguardaba con ansiedad.

—José, yo te esperaba, me preocupé por tu tar-
danza.

Él le sonrío con ternura —perdóname María, pero el trabajo me absorbió y cuando me di cuenta ya el sol se ponía en el ocaso.

María decidió que era el momento de hablar con José para solicitarle el permiso de ir a visitar a su pariente y sin pensarlo más María le habló —recuerda que le falta poco tiempo a Isabel para dar a luz y he pensado ir a Aín para estar con ella mientras llega el alumbramiento.

José aguardó pensativo, era la primera vez que se separaría de su compañera por varias semanas —comprendo la buena voluntad de tus intensiones, pero eres muy joven y el viaje hasta Judea es largo y cansado, además mi trabajo no me permitiría acompañarte.

—Entonces pediré a mi primo Josafat que vaya conmigo y nos uniremos a una caravana —después habló con voz enigmática que confundió al rústico trabajador— José, nada malo me pasará, porque Dios estará conmigo.

Al fin el carpintero cedió —siendo así no me opongo, Isabel estará muy bien en tus manos y estoy seguro de que su hijo vendrá feliz al mundo.

—Ya lo creo, será la madre más hermosa de todas —finalizó María olvidando que la madre más bella y divina de todas habría de ser ella misma— prepararé mis cosas y partiré mañana mismo.

Mientras María preparaba su partida los esposos no dejaban de conversar, comentando la gracia que el Señor le habría concedido a Isabel y Zacarías. Al día siguiente, el hombre acompañó a su mujer hasta dos leguas de Nazaret y encomendándola a su pa-, riente.

—Cuida mucho de ella Josafat —se despidieron y el carpintero regresó a su hogar triste y con el corazón oprimido; no obstante, se alegraba por la bondad de su celestial compañera.

—Es una santa y merece todas las glorias divinas.

Por su parte María viajaba por el desierto, montada en una sencilla cabalgadura; el camino era áspero y difícil y se sabía de la presencia cercana de bandas de salteadores. Pero por fortuna a los pocos días llegó con su primo a las cercanías de Aín sin lamentar ningún incidente.

—Isabel se sorprenderá mucho al vernos —dijo María a su primo.

Y así fue, la gran alegría inundó el alma de aquella buena mujer, quien se había hecho cargo de la virgen cuando ésta perdió a sus padres.

—María ¡qué alegría volver a verte!, ¡estás tan hermosa!

María humildemente respondió —y tú más prima, sobre todo en el estado que te encuentras.

La anciana mujer se desconcertó —pero ¿cómo supiste que estoy embarazada?

La divina Galilea respondió sonriente —alguien me lo dijo, ¿y el primo Zacarías?, él debe encontrarse muy feliz también.

El rostro de Isabel se ensombreció —¡ay María...! ¡si tú supieras!

—¿Qué pasa?

—Mi pobre marido sufrió una terrible desgracia, se quedó sordomudo.

María no podía creerlo —pero no es posible... él es un hombre sano.

—Algo extraño le pasó el día que perdió el habla, pero no ha querido decírmelo; él se da a entender escribiendo, pero no me ha querido decir nada de su terrible desgracia. Lo que más teme es perder su cargo sacerdotal en el Templo de Jerusalén.

Fue entonces cuando María decidió hablar —no te preocupes teniendo fe en Dios todo se resuelve siempre.

A partir de ese momento la Virgen María se hizo cargo de cuidar a su pariente, para Isabel no pudo existir mejor ni más grata compañía —eres la mujer más buena del mundo prima.

El influjo de la hermosa María era tan milagroso, que la mujer se sintió rejuvenecer cuarenta años y notó que siempre que se escuchaba la melodiosa voz de la joven el bebé que llevaba en su vientre se movía —eres bendita entre todas las mujeres María— de pronto Isabel, tocada en los ojos del alma por el soplo misterioso de Jehová, pareció vislumbrar el glorioso porvenir de su joven prima —veo que tú también serás madre y que tu hijo será divino, porque ahora sé que en el cielo hay un trono reservado que te aguarda, y desde el cual reinarás al universo entero —emocionada lloró— ¡oh María cómo es que pudiste fijarte en mí!... en alguien tan humilde como yo para venir a ayudar, déjame ser yo quien te sirva.

—Lo que dijiste es cierto —dijo María, el señor ha sido misericordioso conmigo, pero sigo siendo tan insignificante como un grano de trigo y seguiré a tu lado como hasta ahora, ¡querida Isabel!, y sé que Dios te dará sus bendiciones con un hijo.

Transcurrido el tiempo al fin llegó el tan ansiado día, y la felicidad se duplicó al anunciarle que había sido un niño quien nació del vientre de Isabel; todo mundo se abrazó contagiado de la alegría.

—¡Bravo, bravo!, demos gracias a Jehová por sus bendiciones!

Zacarías comprendía todo y aguardaba con impaciencia el momento de recuperar sus facultades y éste no tardó en llegar.

—¿Y qué nombre le pondrán? —preguntaron los presentes— él debe llamarse Abraham, no, mejor Isaías o le pondremos Elías.

Sonriente y esplendorosa María salió del aposento en que reposaba su prima, luego del parto se acercó a Zacarías y tomándolo del brazo lo acercó a los que tan animadamente discutían.

—David es un buen nombre —continuaban los presentes— ¿y por qué no José?

Apenas lo tocó la virgen con sus manos el sacerdote se sintió invadido por una inexplicable energía y al verlo llegar sus parientes le preguntaron por señas qué nombre prefería para su hijo y lo que sucedió en aquel momento asombró a todos —no es necesario que me hagan tantos gestos, mi hijo se llamará Juan.

Y así terminó la misión de María en Aín, su prima Isabel había dado a luz a quien sería Juan el Bautista y así su primo Zacarías recuperó el habla y el oído, esta vez para siempre. Días más tarde acompañada por un séquito especial ordenado por Zacarías la virgen regresó a Nazaret donde la esperaba José ahí aguardaría su propio parto, con el que traería al mundo al hijo de Dios, al hombre que redimiría a la humanidad, al Mesías cuyo nombre sería Jesús.

# El nacimiento de Jesús

En Belén de Judá vivía el piadoso matrimonio formado por Ana y Joaquín, este último descendiente del Rey David, él era un hombre de noble linaje, acaudalada posición y se le respetaba en toda la ciudad. Se decía que no había en Belén, matrimonio mejor avenido y de más rectas costumbres que ése; y sin embargo, Ana distaba mucho de ser feliz, pues habiendo llegado a avanzada edad no había sido madre.

—Ten piedad de mí señor —en aquellos tiempos en que se esperaba la llegada del Mesías, la mujer que no tenía hijos era vista con desprecio.

—Te lo suplico líbrame de este oprobio —todos los días imploraba— si me concedes la dicha de ser madre prometo consagrar el fruto de mis entrañas a tu servicio.

Su súplica se hizo notablemente desesperada y de pronto abrió los ojos, como iluminada por una extraña luz interior —alabado sea el señor porque ha oído mis oraciones— salió del templo reconfortada,

ya no le importaron las miradas de desprecio y de
burla con que la veían otras mujeres, en cuanto llegó
a su casa, encendió el fuego de la cocina para pre-
parar una cena especial. Su marido, que era doctor
de la sinagoga, esa tarde había experimentado algo
extraño también.

Cuando terminó con su labor se dirigió presu-
roso a su casa —Ana, Ana; el Señor se me reveló diciendo que esta tarde algo maravilloso se avecina a
nuestro hogar.

—Lo sé —respondió Ana— en el templo yo también lo supe, Dios enviará muy pronto su bendición
sobre nosotros.

Y así sucedió, pocos días después, la buena mujer se percató de que iba a ser madre —bendito seas
Señor— habiendo sido estéril y dada su avanzada
edad, se consideró un verdadero milagro que pasado
el tiempo, diera a luz a una preciosa criatura

—Aquí está tu hija —Joaquín lleno de gozo, se
acercó a verla.

—¡Que hermosura!, hoy es día de regocijo en
este hogar, porque el señor lo ha bendecido con esta
niña que se llamará María —su felicidad era enorme,
pero quizá hubiera sido mayor al saber que aquella
niña estaba destinada a ser la madre del Mesías, el
Salvador.

Según la costumbre a los cuarenta días presentaron en el templo a la recién nacida, Ana se dedicó
a cuidar con gran ternura a su hija, quien empezó a
crecer en gracia y belleza; sin embargo, cuando la
pequeña cumplió tres años, su madre le comunicó
a Joaquín:

—va a ser necesario ir a Jerusalén, prometí consagrar a la niña al servicio de Dios, y es hora de cum-

plirlo, la separación va a ser dolorosa, pero de algún modo hay que pagar al Señor todos los beneficios que nos ha dado.

Para hacer más llevadero el sacrificio, el matrimonio decidió dejar su casa de Belén y trasladarse a vivir a Jerusalén. Y fiel a su promesa Ana llevó a su hija al templo, la ceremonia fue por demás emocionante, era un espectáculo digno de verse el de aquellas niñas arrodilladas ante el altar. Atrás entre las madres de las pequeñas, la de María oraba fervorosamente.

—¡A ti te la ofrezco señor! —un haz de luz penetró de pronto por una de las altas ventanas del recinto, todos aquellos rayos luminosos se concentraron en uno solo, para caer de lleno sobre la cabeza de María. Ana sintió un enorme gozo al presenciar el prodigio.

—La gracia del señor está con ella —y lo estaba en efecto, su piedad y devoción llamaban la atención de todos a cada momento y era tan grande su amor que al cumplir los catorce años tomó su decisión.

—Mi deseo es conservarme virgen para mayor gloria del señor —estaba próximo el día en que debería abandonar el templo y el sacerdote le dio su bendición.

—Que el señor te lo tome en cuenta hija —sin embargo, no era fácil cumplir con un voto de esa naturaleza, en aquellos días. Los sacerdotes se reunieron y contemplaron la posibilidad de que María se quedara en el templo a los servicios del Señor ya que sus padres habían muerto, pero por ser descendiente de la casa de David de quien decían las profecías nacería el Mesías, no podía permanecer soltera. Todos los rabinos estuvieron de acuerdo y el gran sacerdote tuvo que comunicárselo a la joven:

—hemos resuelto que debes tomar esposo, hija mía.

—Usted sabe que eso no es posible padre, ¡tengo voto de castidad! —el sacerdote insistió en que ningún voto que vaya contra la ley tiene validez, así que le permitiría la entrada a aquellos que pretendieran su mano.

Hecha la convocatoria, según la costumbre de la época, se presentaron varios aspirantes; no sólo los jóvenes y solteros, sino también viudos y hombres de edad madura, querían casarse con aquella virtuosa joven. Entre ellos, José un carpintero, primo lejano de Joaquín; María entre tanto, oraba con gran fervor, pidiendo el auxilio del Señor:

—¡ayúdame en este trance Dios mío! —el templo se llenó de luz salida de todos los ámbitos del recinto, se dejó oír:

—María, hija mía, yo confió en tu pureza, yo te señalaré al varón que debes elegir por esposo —fue entonces cuando el sacerdote entró por ella, a quien mucho le sorprendió la luz que brillaba en el rostro de la doncella y era que la joven se sentía plenamente reconfortada por la revelación que acababa de tener.

—Ahí los tienes, haz tu elección —en compañía del sacerdote, María empezó a recorrer la fila de pretendientes repitiéndose:

—el señor dijo que me lo señalaría —sin embargo, nada extraordinario veía en ninguno de aquellos hombres, que la observaban con ansia. Así llegó al final de la fila, donde el humilde carpintero se había colocado.

—Y bien, ¿a quién eliges? —preguntó el sacerdote.

Ella pareció titubear unos instantes, y en ese momento descendió del cielo una blanca paloma para posarse sobre el hombro de José. El Sol parecía brillar con más intensidad y ante los asombrados ojos de los presentes, su bastón empezó a florecer; sonriendo gozosa, ella extendió la mano para señalarlo:

—él —todos habían caído de rodillas ante extraordinario prodigio, en tanto que José, vivamente emocionado tomaba la mano de la joven.

Pasada la impresión, el sacerdote condujo a la pareja al templo, al fin de celebrar la boda; los pretendientes los miraban con veneración. Terminada la ceremonia, los nuevos esposos se dispusieron a partir hacia Nazaret; ella no contestaba a las contadas preguntas que su acompañante le hacía, porque otros pensamientos empezaban a preocuparla, se refería a su voto de castidad, ya que no sabía qué actitud iba a tomar su marido. Sin embargo, algo la hacía sonreír esperanzada.

—Yo sólo cumplí con el mandato del señor, y él dijo que no debía temer por mi pureza.

El viaje se realizó sin contratiempos, y cuando finalmente llegaron, él la condujo a la puerta de su casa; pero antes de entrar, ella lo detuvo.

—Espera José, hay algo que debo decirte —había llegado el momento de confiarle sus secretos— por obediencia a la ley, acepté tomar esposo; pero espero que respetes mi voto de virginidad.

Bajó luego los ojos esperando una reacción violenta por parte de su esposo, pero en lugar de eso, él sonrió bondadoso —no temas, quise desposarte para velar por ti y estoy dispuesto a respetar tu decisión.

La joven lo miró profundamente agradecida —¡muchas gracias José!... yo te prometo ser una buena esposa y tratar de compensar tu infinita comprensión— la vida del matrimonio se inició normalmente, José dedicado a su trabajo de carpintero, y ella ocupada en las labores domésticas. Fiel a sus piadosas costumbres, a determinada hora del día, María se arrodillaba a rezar.

—Gracias señor, por todos tus beneficios —y un día sintió que un esplendor vivísimo la envolvía, mientras una voz extraña llenaba el aire.

—Dios te salve María llena eres de gracia.

—¿Quién es? —se levantó María asustada— ¿es a mí a quien saludan de ese modo?

—No temas... soy Gabriel el enviado del señor —de entre la luz radiante que la rodeaba, surgió la celestial figura de un arcángel— vengo a anunciarte, según la voluntad de Dios, que serás la madre de un niño al que deberás llamar Jesús.

Tratando de dominar la sobrecogedora emoción que la embargaba, ella se atrevió a replicar —eso no es posible, aunque me he desposado, me conservo virgen.

—El señor es contigo y bendita eres entre las mujeres —continuó el ángel— porque el Espíritu Santo descenderá sobre ti, y el poder del altísimo te cubrirá con su sombra y bendito el fruto de tu vientre, pues será el hijo de Dios y reinará sobre todas las naciones por los siglos de los siglos.

María comprendió entonces la sublime misión para que había sido elegida y su corazón se llenó de alegría —he aquí la sierva del señor— y mientras el ángel abría sus alas para elevarse, ella pronunció una alabanza —¡glorifica mi alma al señor!, ¡hágase su santa voluntad!

Y siguió orando al tiempo que el arcángel se confundía con la luz que lo rodeaba. Pasaron los días y María no le había comunicado la noticia a su esposo, quien al poco tiempo, empezó a advertir en ella una rara actitud; se daba cuenta de que lo rehuía y casi evitaba hablarle. Sin embargo, era tímido y no se atrevió a interrogarla, fue hasta que pasaron varios meses, que se dio cuenta de lo que pasaba.

—¡Será posible, parece que María va a tener un hijo!, ¿cómo puede ser eso? —casi en el acto quiso apartar ese pensamiento, pero por más que quiso negarse a admitirlo, la evidencia estaba ahí.

—No hay duda, va a ser madre —por si fuera poco los vecinos empezaron a comentarlo también, un sinfin de sentimientos encontrados atormentaron su alma, a partir de entonces, a veces pensaba en repudiarla; pero, su natural bondad, lo hacía desechar la idea casi en seguida. Sin embargo, al paso del tiempo tomó una decisión, hizo secretamente los preparativos, para irse de Nazaret y abandonarla.

—Me iré mañana al amanecer y no volverán a saber de mí —antes de acostarse aquella noche, elevó una plegaria al señor.

—Perdóname si hago mal señor —se metió luego a la cama, pero estaba muy inquieto y cuando finalmente se durmió, el emisario del cielo se le apareció en sueños.

—José, hijo de David, no abandones a tu esposa; más bien, acógela bajo tu protección, porque el fruto de su vientre fue engendrado por el Espíritu Santo, y tú eres el elegido para cuidar de ese niño, que es el hijo de Dios, y llevará por nombre Jesús —el arcángel se desvaneció en el sueño y José despertó.

—¡El hijo de Dios! —se arrodilló en seguida, y elevó gozoso los ojos al cielo— ¡gracias dios mío! Trataré de hacerme digno del honor que me haces al confiarme a tu familia.

En aquellos días se decretó levantar un censo en las provincias romanas, por lo que José y María tuvieron que viajar a Belén, de donde eran originarios. El viaje fue penoso y se les dificultó enormemente encontrar alojamiento, por lo que tuvieron que dormir en un establo al llegar a su destino; corría el frío mes de diciembre pero en el lecho que José improvisó María no le sentía, llegó el día señalado para el nacimiento de Jesús.

Por la gracia divina, ella se conservó virgen, aún en el momento de dar a luz y por ser madre de Jesucristo, se convirtió desde entonces, en la gran mediadora entre Dios y el género humano.

# ❧ Índice ❧

Esta obra se terminó de imprimir en Diciembre de 2004, en Editores, Impresores Fernández S.A. de C.V. Retorno 7 de sur 20 Nº 23 Col. Agrícola Oriental, México D.F. Se tiraron 1,000 ejemplares más sobrantes para reposición, correo electrónico: eif2000@prodigy.net.mx